网络安全和信息化

国家互联网信息办公室 ｜指导编写｜

小学篇

人民教育出版社
PEOPLE'S
EDUCATION
PRESS

图书在版编目（CIP）数据

网络安全和信息化读本．小学篇／国家互联网信息办公室指导编写．--北京：人民教育出版社，2016.8
ISBN 978-7-107-31163-5

Ⅰ.①网…　Ⅱ.①国…　Ⅲ.①计算机网络—网络安全—小学—课外读物　Ⅳ.①G624.583

中国版本图书馆 CIP 数据核字（2016）第 221212 号

网络安全和信息化读本　小学篇

出版发行　人民教育出版社
　　　　　（北京市海淀区中关村南大街 17 号院 1 号楼　邮编：100081）
网　　址　http://www.pep.com.cn
经　　销　全国新华书店
印　　刷　北京恒艺博缘印务有限公司
版　　次　2016 年 8 月第 1 版
印　　次　2017 年 7 月第 3 次印刷
开　　本　890 毫米 ×1240 毫米　1/24
印　　张　4.5
字　　数　90 千字
定　　价　21.80 元

前 言

改革开放以来，我国抓住当代信息革命的机遇，大力推进信息化，取得了巨大的成就。习近平总书记在中央网络安全和信息化领导小组第一次会议上做出了"没有网络安全就没有国家安全，没有信息化就没有现代化"的重要指示，进一步明确了信息化是党和国家的重要战略部署，网络安全关系到国家发展、社会稳定、人民安康。

小学生是信息社会的"原住民"。我们的学校、家庭以及自己的学习、生活，都离不开信息化，信息化就在我们身边。与此同时，网络安全渗透于社会生活的方方面面，与我们每个人息息相关。我们从小就要学会在信息化环境中学习成长，与网络亲密接触，安全使用网络，合理规范地上网，做一个具有信息意识的信息社会小公民。

信息技术的发展是飞速的，信息化进程是不可逆转的。信息化给社会各领域产生了巨大的推动作用，把我们带入信息社会。但我们也要认识到，信息技术的使用不当会造成负面影响。我们要认识信息化、理解信息技术的应用并学会在日常生活和学习中使用，提升信息素养，更安全、更快乐地在信息社会中健康成长。

信息化和网络安全的知识看起来很深奥，需要老师或家长的指导帮助。不过，这些知识贴近我们的学习与生活，所以需要自己认真学习，结合案例和故事，与小伙伴一起讨论、领会、理解，共同成长。

责任意识是我们成长道路上应具备的基本品质。作为小学生，信息社会责任意识的培养可以从遵守规则做起，增强规范意识，提高行为能力，把守规与守法结合起来，只有这样，才能适应信息社会的需要，成为信息时代的合格人才。

让我们从小树立网络安全意识，为建设信息化下的美丽祖国做好准备吧。

目　录

信息化与社会生活

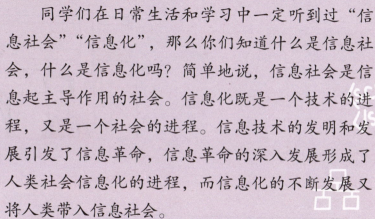

同学们在日常生活和学习中一定听到过"信息社会""信息化",那么你们知道什么是信息社会,什么是信息化吗?简单地说,信息社会是信息起主导作用的社会。信息化既是一个技术的进程,又是一个社会的进程。信息技术的发明和发展引发了信息革命,信息革命的深入发展形成了人类社会信息化的进程,而信息化的不断发展又将人类带入信息社会。

当今时代,信息技术的发展日新月异,信息化水平是衡量一个国家现代化和综合国力的重要标准。我国高度重视信息化建设,制定了一系列发展战略,在工业、农业、科学技术、国防以及社会生活各方面广泛应用信息技术,并且取得了一系列卓越成就。作为新时代的小学生,你们是国家未来的栋梁,从小要树立掌握信息技术,为国家信息化和现代化发展做贡献的理想。

1 信息技术发展快

晓宇想了解我国通信技术的发展，爸爸带他来到了电信博物馆。

进入古代通信厅中，晓宇了解到，古代人用烽火台传递消息，用驿站、飞鸽等传递书信。

进入近现代通信厅，晓宇好奇地看着电报机、电话、邮票等。爸爸告诉他，互联网普及应用之前，人们主要通过发电报、打电话、写信等方式沟通、交流信息。

发展到如今的信息时代，人们利用各种信息工具，通过互联网快速传递信息。

同学们知道吗？人们常说的信息技术主要包括计算机技术、通信技术、微电子技术和传感技术。它们大量应用于工业、农业、教育、交通、医疗等领域，影响和改变着这个世界。

拿通信技术来说，从古代的烽火狼烟、飞鸽传信，到近现代邮票、电报、电话的发明，再到如今信息时代的手机、互联网等，人类的通信手段已经完全超越了时间和空间的限制，实现了随时随地的沟通和交流。

计算机技术的发展速度尤其快。1946年，一台名为ENIAC的电子数字计算机诞生于美国，它把过去借助台式计算器需要7～20小时才能计算完成的工作缩短到只用30秒，使科学家从繁重的计算中解放出来。这台计算机体积庞大，重达30 000千克。

仅仅几十年的发展，计算机的功能变得越来越强，体积越来越小，重量越来越轻。从台式计算机到方便携带的笔记本电脑、平板电脑，各式各样的计算机服务于我们的生活，已经成为信息处理的主要工具。

还有一种超级计算机，计算和处理数据的能力非常强大。气象预报、灾害预测、石油勘探以及航空航天等领域的数据计算，都离不开它的贡献。目前，我国是拥有超级计算机最多的国家之一。2015年11月，我国的"天河二号"第六次被评为全球运算速度最快的超级计算机。2016年6月，使用中国自主知识产权芯片制造的"神威太湖之光"取代"天河二号"，成为全球最快的超级计算机。

"天河二号"超级计算机

人们使用的手机，在银行办理业务的储蓄卡，家里使用的电饭煲、自动洗衣机中，都有一个小小的芯片。其中都采用了微电子技术。微电子技术的核心技术是半导体集成电路技术，一个小小的芯片往往集成了成千上万个元器件。随着微电子技术的发展，电子产品的功能越来越强，体积越来越小。

华为麒麟芯片

随着信息技术的发展，使得很多过去只能存在于想象中的技术得以实现。例如，虚拟现实技术的应用。戴上虚拟现实头盔，可以将人的视觉、听觉封闭，从而产生一种身在虚拟环境中的感觉。目前，这种头盔在军事训练、虚拟驾驶、虚拟城市等项目中得到广泛应用。再如，人工智能领域的发展。2016年3月，AlphaGo人工智能系统以4:1的比分，战胜了世界围棋冠军、韩国九段选手李世石，人工智能领域又取得了新的突破。未来，信息技术将继续向着数字化、网络化、智能化的方向快速发展！

1.说说看，下面的场景中都用到了哪些信息技术，你在日常生活中还用到了哪些信息技术。

2.你听说过"3D打印""虚拟现实""云计算""大数据"吗？以这些词为关键词，上网搜集有关信息技术未来发展趋势的资料，给身边的人讲一讲。

2 我国互联网发展

一天，晓宇和爸爸妈妈冒着酷暑，急急忙忙回到家，意外发现家里的空调已经打开了，家里很凉爽。

原来是爸爸在回家路上，用手机通过互联网，打开了家里的智能空调。晓宇顿时对互联网很好奇："互联网是怎么回事？"

在妈妈的帮助下，晓宇在网上查找关于互联网诞生和发展的资料。

通过搜索资料和亲身体会，晓宇对互联网有了新的认识："互联网让我们的生活更加精彩！"

互联网是人类历史上伟大的发明之一。有了互联网，同学们足不出户，就可以了解国内外大事，查阅丰富的资料，在网上购买学习用品、图书等，还可以与亲朋好友随时随地沟通交流，分享你们的学习和生活照片。有了互联网，爸爸妈妈在工作中可以参与视频会议、远程办公，登录政府网站了解政务信息……互联网以其灵活、方便、快捷等特点为人们所称赞和接受，并日益得到广泛的普及。

互联网发展水平直接影响着国家的信息化水平。晓宇通过和爸爸妈妈一起查找资料，在了解我国互联网诞生和发展历程的同时，也为我国互联网快速普及应用的众多成就而自豪！那么20多年来，我国在互联网方面都有哪些发展变化呢？

技术手段快速发展。自1994年我国正式接入互联网以来，我国互联网实现了从拨号上网到窄带接入，再到低速宽带、高速光纤的固定宽带接入，建成了全球最大的移动宽带网络。目前，我国的无线局域网快速发展，已经成为互联网接入的重要方式。

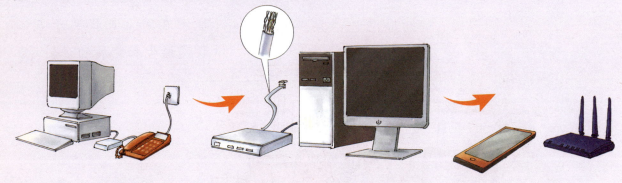

网民数量与日俱增。根据《第39次中国互联网络发展状况统计报告》数据显示，截至2016年12月，我国网民规模达7.31亿，网民人数为全球第一，互联网的普及率达到53.2%，超过全球平均水平。其中，手机网民规模达6.95亿，用手机上网已经成为许多人的基本生活方式之一。

应用领域不断创新。互联网已经深入到社会生活、经济金融、军事工业、学习教育、休闲娱乐等各个领域之中，大到国家安全、人民利益，小到我们的休闲娱乐、日常生活，都与互联网紧密联系在一起。

办公　商务　家居　交通　旅行　医疗

便民政务　互联网　沟通

2015年，习近平总书记在第二届世界互联网大会发表主题演讲时提出："中国将大力实施网络强国战略、国家大数据战略、'互联网+'行动计划，发展积极向上的网络文化，拓展网络经济空间，促进互联网和经济社会融合发展。我们的目标，就是要让互联网发展成果惠及13亿多中国人民，更好造福各国人民。"

1. 询问老师或者爸爸妈妈最初使用互联网能做什么事情，再对比现在互联网的应用，了解互联网在应用领域的快速发展。

2. 你觉得互联网还可以在哪些方面做出改进？展开想象的翅膀，畅想一下未来互联网的功能和作用。

灯光窗帘　智能家电　智能影音　中央空调　中央供暖　新风系统　背景音乐　可视对讲　安防监控

3. 将来，互联网会更广泛地融入我们的生活。上网查找关于"智慧城市""智能家居"的资料，了解未来城市和家居的变化。

3 信息工具随处用

放暑假了，晓宇高兴地和爸爸妈妈一起收拾行李，准备外出旅游。

一路上，妈妈用手机查找酒店位置、规划行车路线，晓宇在妈妈身边，边看边交流。

XX市

风景太美了，晓宇一家忙着拍照和录制视频。

玩了一天，晓宇一家聚在一起，开心地与好友分享旅途的快乐。

晓宇一家人在外出旅游时，妈妈用手机规划行车路线，爸爸用数字照相机拍摄照片，晓宇用平板电脑录制视频，然后发送给好朋友欣赏。同学们，你们用手机打过电话、玩过游戏吗？用过数字照相机拍照、录制视频吗？用过计算机写文档、制作演示文稿吗？手机、电话、数字照相机、计算机、平板电脑等，都是我们在日常生活和学习中经常用到的信息工具。

信息工具是我们生活和学习的好帮手。有了它们，我们可以随时随地沟通交流，也可以记录下美景与人分享，还可以完成学习任务、休闲娱乐。爸爸妈妈的工作也离不开信息工具，他们利用计算机收集、整理数据和资料，处理工作文档，完成工作任务。

随着移动互联网的日益普及，从我们到爸爸妈妈、爷爷奶奶，都可以利用手机、平板电脑等信息工具连接互联网，随时随地进行网络聊天、购物、学习和娱乐等活动。

目前，还出现了很多新型的信息工具，如智能手表、智能眼镜、智能手环等。它们和移动互联网紧密结合，给我们的生活带来更多的便利。很多同学都很喜欢智能手表，戴上智能手表，不仅可以和爸爸妈妈通话聊天，还可以让爸爸妈妈知道你在哪里，感觉特别神奇！智能眼镜则更加神奇，戴上这种眼镜，说句话或者做个动作，甚至眨一眨眼睛，就可以拍照片、和好朋友交流、完成路线导航等。还有，如果你在等朋友，智能眼镜会显示朋友的位置；如果看到自己喜欢的书，智能眼镜会找出书评和价格……

目前，这些新型的信息工具还没有广泛普及使用，相信在不久的将来，会和我们现在使用的手机、计算机一样，成为常用的信息工具。

随着信息技术的发展，各种信息工具的功能越来越丰富，操作越来越简单，体积越来越小，我们的生活和学习越来越离不开它们。

值得自豪的是，我国已经成为全球最大的手机生产国和出口国，同时也涌现出了很多具有国际竞争力的信息技术企业，这些企业推出的智能穿戴设备、智能家电等，会给我们带来更美好的生活。

1.在下列场景中，你用过哪些信息工具？它们给你带来了哪些便利和乐趣？

● 在教室上课：_____；

● 在家学习：_____；

● 在超市购物：_____；

● 在公园游玩：_____。

2.开动脑筋，设想一种信息工具，说说你希望它能实现什么功能。

4 智能交通真便捷

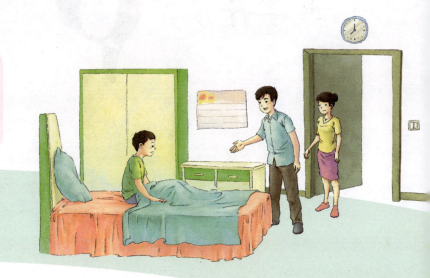

周末的早上，爸爸妈妈想带晓宇一起去游览长城。

晓宇想起上次游览长城的路上遭遇了大堵车，担心重蹈覆辙，爸爸则表示这次不会了。

这次出游确实有些不同，晓宇的爸爸开车用上了导航仪，规划了一条通畅的路线，成功躲避了道路拥堵。

到了高速路收费站，爸爸开车直接驶过ETC收费口。这次，晓宇一家很快就到了长城景区。

出行前，晓宇的爸爸在汽车上安装了导航仪，并办理了电子不停车收费系统（ETC）的速通卡。在驾车外出时，爸爸选择导航仪提供的畅通路线行驶，避开了拥堵路段。有了ETC卡，在高速收费口不用停车排队、人工交费，直接"嘀"地一声，自动计费和抬杆，从而节约了宝贵的时间。这些都是信息化手段在交通上的一些具体应用。

去外地旅游前，爸爸妈妈是怎么购买火车票或机票的呢？一般可以通过"中国铁路客户服务中心"购买火车票、通过各航空公司的官方网站购买机票，或者通过大型旅游网站购买火车票、机票、租车、预定酒店等。在信息化手段的帮助下，我们的出行变得越来越方便和舒适。

现代化城市的发展离不开智能交通系统。智能交通系统使我们的出行更快捷，而且减少了等待时间。例如，爸爸妈妈在外出前，可以在约车平台上预约出租车、专车等；我们在去不熟悉的公园游玩前，可以提前在智能出行平台上输入起点和终点，获得公交车或地铁乘车路线规划；等车的时候，可以实时查看车辆的到站时间，提前做好准备；上公交车、地铁时，自动刷卡计费，免除了人工操作的麻烦；交通控制中心的信息设备，使交警不用风吹雨淋就可以控制交通的顺利运行……

智能交通系统的发展离不开信息化建设，其中的核心技术之一就是全球卫星导航系统。北斗卫星导航系统是我国自主研发的全球卫星导航系统，在交通领域起着举足轻重的作用。除了用在车载导航仪、手机导航软件导航道路外，还广泛应用在轮船航运、飞机起飞和降落的导航中。可以说，交通领域已经离不开它了。

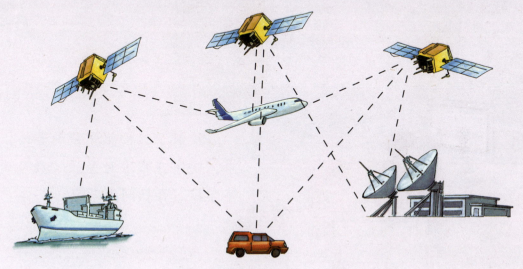

北斗卫星系统在交通领域的广泛应用

　　1.除了上面提到的智能交通系统的应用，你还体验过其他哪些信息化应用带来的便利？跟同学们说一说。

　　2.尝试使用导航软件，查找从学校到你家的路线。然后，总结一下导航软件的基本操作。

　　3.随着信息技术向智能化方向的快速发展，未来道路上行驶的可能都是无人驾驶汽车。你了解无人驾驶汽车吗？知道无人驾驶是如何实现的吗？

5 信息化助力教育

放假了，按照学校的要求，晓宇在家准时登录"数字学校"开始网上学习。

教室里，晓宇和同学们一人一台计算机，进行小组合作学习。

老师利用课件，借助教室的多媒体设备，给同学们讲解知识。同学们都很喜欢这样的上课方式。

我国实施的中小学校校通工程，使全国很多中小学校与互联网或中国教育卫星宽带网联通，实现了教育资源的远程传送。

同学们细心观察一下，在学校或者在家学习时，你们都用到了哪些信息工具？你们是如何利用它们学习的？老师借助了哪些信息化手段来帮助教学呢？……不难看出，信息化已经深入到教育领域的各个环节了。

　　借助信息化手段，我们的学习从学校延伸到了家里，从课堂延伸到了课外，学习方式也更加丰富多样。有了互联网和信息工具，同学们足不出户，就可以登录课程网站，学习各门学科知识或者观看名师讲解；遇到不懂的问题时，可以随时通过互联网，求助专家、老师或者其他同学；制作电子小报或研究报告时，可以利用互联网，搜索大量有用的资料……

　　在信息化手段的帮助下，同学们可以更方便地开展小组合作学习，共同完成作品。老师可以使用丰富的图片、声音和动画来辅助教学，使课堂生动有趣。利用信息化手段，也可以拉近城乡教育的差距。农村地区与少数民族地区的学生可以通过网络的"同步课堂"，和城市的学生一起学习音乐、美术、科学等课程，享受到优质教育资源。

城市课堂

农村课堂

　　同学们知道吗，我国在互联网上建成了很多学习资源呢。截至2014年末，我国国家教育资源公共服务平台的"一师一优课、一课一名师"活动共提供了300多万堂课程，很多农村的老师和学生从中受益。同学们在闲暇时，可以利用手机、平板电脑、计算机等，登录国家数字图书馆、中国国家博物馆数字展厅等，在家享受读书、参观博物馆的乐趣。足不出户，就可以自由遨游知识海洋了！

1.在学习语文、数学、英语等课程时，你是否有过应用信息工具自主学习的经验？和小伙伴说说你的经历。

2.在下列场景中，你知道都使用了哪些信息化手段？

●图书馆借书、还书：_____；

●老师备课和上课：_____；

●登录"数字学校"网站学习：_____。

3.利用身边的信息工具，"走进"数字图书馆或博物馆，看看有哪些收获。

4.你听说过"慕课""智慧校园""微课""翻转课堂"吗？你知道它们是如何利用信息技术手段辅助我们学习的吗？

5.有的同学说，"有了网络，自己不用动脑筋了，什么问题都可以在网上找到答案。"你觉得这种说法对吗？在学习过程中应该怎么做，才能合理使用网络？

6 信息化改善医疗

预约挂号窗口

晓宇的爷爷生病了，爸爸提前在网上预约挂上了号。到了医院，爸爸很快取到了预约号。

医生问询了晓宇爷爷的病情后，建议通过专业仪器做进一步的检查。

回到诊室，医生在计算机上仔细查看爷爷的检查报告。然后，根据病情，给爷爷开出药方。

晓宇的爸爸在自助交费机上交了费。很快，爷爷就听到药房播出让他取药的语音信息。

晓宇的爷爷在看病过程中感受到了信息化医疗带来的种种便利。同学们回想一下，当你生病去医院时，爸爸妈妈是如何挂号的？医生是如何给你看病的？爸爸妈妈又是如何交费和取药的？其中都用到了哪些信息化手段？

在信息化建设的推动下，医院的服务流程发生了很大变化，使挂号、诊疗报告查询、候诊提醒、划价交费等服务更加便捷。除此之外，信息化的发展还推动了各家医院之间优质医疗资源的共享。2014年，北京儿童医院和安徽、青海、贵州等省的13家儿童医院合作，建立了远程会诊中心。各地专家们通过视频，远程指导这些医院的医生，共同救治当地患上疑难病症的儿童。

随着移动互联网的发展，移动医疗成为医疗发展的新方向。爷爷奶奶佩戴上智能血压仪，可以随时监测血压情况。血压一旦出现异常，就会得到吃药或者看医生的提醒。很多成年人喜欢佩戴手环或者计步器，记录自己每天的运动步数，通过坚持走路，保持健康的体魄。

另外，利用一些针对不同疾病为病人提供就医和治疗提示、康复指导信息、运动和膳食指导的设备和软件，人们可以随时随地得到医生的指导，让健康管理成为可能。

信息化的发展也推动了公共卫生疾病监测

体系的完善。未来，医疗卫生信息化是我国深化医疗改革的重要任务，我国会建设国家级、省级和地市级三级医疗卫生信息平台，加强和深化公共卫生、医疗服务、新农合等信息化应用。

1.结合下面的几幅图，想一想，在平时的看病诊疗中，你接触过哪些信息化医疗服务。

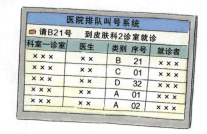

医院排队叫号系统				
请B21号　　到皮肤科2诊室就诊				
科室-诊室	医生	类别	序号	就诊者
×××	××	B	21	×××
×××	××	C	01	×××
×××	××	D	32	×××
×××	××	A	01	×××
×××	××	A	02	×××

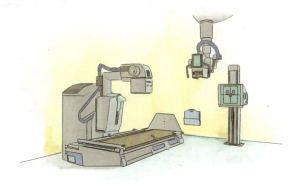

2.你用过智能手环吗？如果条件允许，在爸爸妈妈的帮助下，佩戴上智能手环，监测一下你每天的运动情况。

7 信息化增强国力

晓宇和同学们收看电视，电视上正在播放"嫦娥三号"在月球上的工作情况。

我国自主研发的C919大飞机安装了国产通信导航系统。晓宇和同学们看着C919大飞机非常兴奋和自豪，期盼能乘坐它飞上蓝天。

在信息化手段的帮助下，我国已成为世界上高铁技术最全、运营里程最长、在建规模最大的国家。

晓宇来到农村大伯家，发现信息技术在农村的生产、经营和销售中都得到了广泛应用。

种子供应信息

随着信息技术的飞速发展，我国在航空航天、工业、农业等领域都取得了卓越的成就。

同学们应该都观看过"嫦娥三号"出仓的画面吧，也观看过"神舟十号"航天员在"天宫一号"中为同学们授课的视频，当时的你们肯定特别激动和兴奋，也对航空航天充满了好奇。你们知道吗，要让飞机、火箭、卫星在天空、太空中安全地飞行、可靠地工作，除了需要给它们安装各种各样的传感器、控制器，还需要上传、下载大量的数据，而这些都必须有先进的信息化手段作为支撑和保障。

除此之外，航天工作者还利用信息技术，开展神舟飞船在太空飞行的仿真实验，监控"天宫"空间站的工作状态，收集和管理各种资料，进行交流与沟通等，顺利完成工作任务。

航天员在空间站中授课

航天工作者在工作

2015年9月3日的阅兵式上，我国展示的无人机倍受瞩目。无人机是指不载人的飞行器，既可以像玩具遥控飞机一样由人在地面进行实时控制，也可以由事先编好的程序控制它自主飞行，免受其他信号的干扰。在信息技术的帮助下，我国的无人机技术在飞行稳定控制、通信保障和任务承载方面均

我国展示的无人机

取得了突破，值得我们骄傲！

同时，我国也高度重视工业领域的信息化发展。我国生产的电视机、手机、计算机数量居世界首位。很多同学喜欢的智能手表，妈妈喜欢的扫地机器人、爸爸喜欢的彩色大电视，都是受益于工业信息化的具体体现。

我国的工业机器人

我国还有着世界上最多的高速列车，高速列车的集成技术、装备制造技术等也居世界前列。我国智能机器人和高端装备制造业发展迅速，成为全球第一大工业机器人市场。

不知道同学们是否了解，如今的农村可不是爷爷奶奶那个年代落后的农村了！农民也有了信息意识，普遍使用手机和计算机上网。在遇到种植和生产技术问题，以及天气变化、农作物病虫害等突发情况，会主动拨打"12316"农业热线或者登录"农业综合信息服务平台""农管家"等农业技术网站，寻求农业专家的帮助。

信息化手段也用在农作物的种植和生产环节中。我们在冬天可以吃上新鲜的蔬菜水果，这要得益于现代化农业温室大棚的普及。这些大棚利用信息技术手段自动控制温室的土壤、温度和湿度，保证各类蔬菜水果始终处在最佳的生长环境。

现代化农业温室大棚

我们在冬天也能吃上很多种新鲜蔬菜

29

除了利用信息化手段解决农业技术问题外，农产品的买卖也用上了电子商务平台。通过农村电子商务服务站、淘宝网店等网络销售平台，农民可以及时卖出小麦、水稻等粮食作物，还可以加工后卖出，在获得不错的经济效益的同时，解决就业问题。

未来，信息技术将在我国航天航空、工农业信息化的发展中发挥越来越重要的作用。同学们要树立好好学习信息技术的意识，长大了为国家建设做贡献！

1.回家后跟爸爸妈妈沟通交流，了解航空航天、工农业领域中更多的信息化应用情况。

2.现在家里的电视机一般都能收看上百个电视台的节目，例如"北京卫视""安徽卫视""河南卫视"等，你知道它们为什么叫作"卫视"吗？

3.中国的高端信息产品越来越多，你能说出几个知名国产品牌的信息产品吗？

4.大型超市中的很多绿色农产品拥有自己的"二维码身份证"，通过它可以查询到农产品的生产信息。尝试用手机扫一扫这些二维码，看看能得到哪些信息。

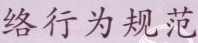

 络行为规范

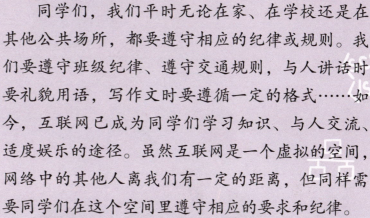

　　同学们，我们平时无论在家、在学校还是在其他公共场所，都要遵守相应的纪律或规则。我们要遵守班级纪律、遵守交通规则，与人讲话时要礼貌用语，写作文时要遵循一定的格式……如今，互联网已成为同学们学习知识、与人交流、适度娱乐的途径。虽然互联网是一个虚拟的空间，网络中的其他人离我们有一定的距离，但同样需要同学们在这个空间里遵守相应的要求和纪律。

　　如果每个人都养成良好的网络行为，互联网就会变得更加文明、更加安全，人们在互联网中的学习和生活也会变得更加愉快。希望同学们在父母和老师的指导与帮助下，做一个合格的网络小公民。我为人人，人人为我，让我们一起为创建和谐、文明的网络环境出一份力吧！

1 信息工具正确用

晓宇认真完成作业。他规定自己：必须先完成学习任务，才能使用平板电脑做其他事情。

使用公共场所的计算机时，不得随意删除其中的文件，也不要擅自留下自己的文件。

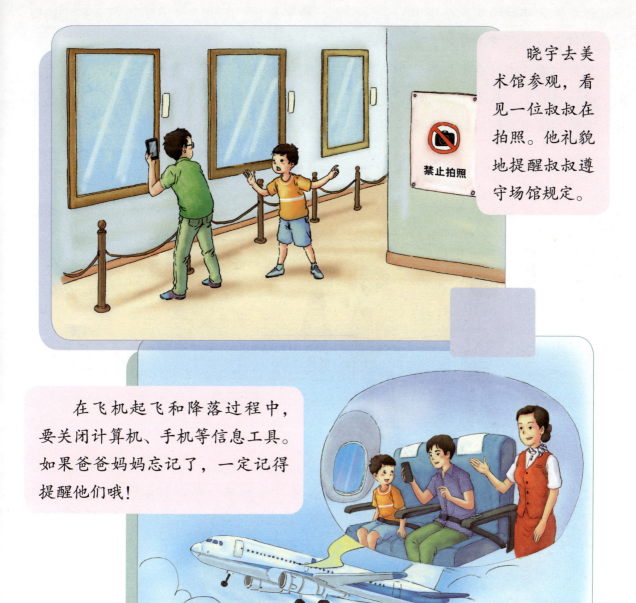

晓宇去美术馆参观，看见一位叔叔在拍照。他礼貌地提醒叔叔遵守场馆规定。

禁止拍照

在飞机起飞和降落过程中，要关闭计算机、手机等信息工具。如果爸爸妈妈忘记了，一定记得提醒他们哦！

如果随意使用手机、平板电脑、计算机、数字照相机等信息工具，不符合一定的规范，不但会给自己带来坏处，也会给别人增添困扰。

前面的情景中，晓宇给自己制订了要求：完成作业之后，才能使用平板电脑，而且他平时也很自觉，从不删除公用计算机中他人的数据，也不在公共场所违规使用信息工具。我们在使用它们时，也要向晓宇学习，注意遵守以下规范。

要按规定操作。

• 爱护信息工具。例如，平板电脑要轻拿轻放；在利用博物馆的显示器浏览信息时要按规定操作；在计算机教室上课时不要随意删除计算机里的文件；不要频繁开、关信息工具的电源。

• 注意用电安全。例如，不要边给手机充电边使用它，避免发生爆炸给自己带来伤害。

• 要在相对安全的场所使用信息工具。例如，不能边走路边看平板电脑、手机等，要注意周边车辆，避免发生交通事故；拍照时要注意观察地形，避免因碰撞、踏空而摔倒。

• 注意保护视力。例如，要让眼睛与电子屏幕保持适当距离；要在光线柔和、舒适的环境中使用信息工具；要及时让眼睛得到休息并做眼保健操。

• 遵守公共场所的规定，不给他人制造麻烦。例如，在参观禁止拍照的画展时，要严格遵守规定不拍照；在飞机起飞和降落过程中，要关闭相关电子设备；在火车、地铁等公共场所听音乐要戴上耳机；听音乐会时，要提醒爸爸妈妈关闭手机或调为静音。

另外，在和朋友或长辈说话时，要真诚和专心，不要只顾低头玩手机、平板电脑等；要在完成作业的情况下，合理安排时间使用信息工具。

总之，各种信息工具使我们的生活变得更加便利，但我们要适当、安全地使用它们，而且不能对它们产生依赖。希望同学们都能规范地使用信息工具！

1.结合下面的图想一想，你在生活中遇到过类似的事情吗？这样做有什么不对？

你们都在干什么！

2.课堂上，同学们讲了他们使用各种信息工具的经历，请你也说一说吧。

2 上网时间管理好

晓宇制订了一张上网时间表，爸爸为他的做法感到高兴。

妈妈提醒他：如果上网查找学习资料需要的时间比较长，中间一定要让眼睛得到休息。

到了睡觉时间就要中断上网。为了提醒自己，晓宇还上好了闹钟。

时间到，该休息啦

查阅资料

上网到了规定的时间，晓宇就会适当运动，放松身体。

晓宇为自己制订了一张上网时间表，规定了每次上网的时间，而且他很注意休息和锻炼。像他这样做，我们才能充分享受到网络带来的好处。

同学们，网络中有很丰富的信息。你是否也像晓宇一样，给自己制订一张上网时间表呢？一定要控制好上网时间，网络才能成为你的好帮手！

让我们行动起来，从以下几个方面管理好自己的上网时间。

• 上网时段把握好。例如，不要熬夜上网，影响睡眠；不要在吃饭时间上网；不要在疲劳的状态下上网。

• 时间长短规定好。上网超过一定时间就要休息眼睛、活动身体，并积极参加户外活动。因为长时间看电子屏幕，不仅会伤害眼睛，还会使颈椎和肩膀等部位不舒服，影响身体的发育。所以每次上网时间适度很关键，到时间一定要休息和锻炼。

为了控制好上网时间，建议同学们使用闹钟或者让爸爸妈妈加以提醒。尤其是上网娱乐时，很容易忘记时间，这时更需要提醒。

你的作业完成了吗？

同学们可以制订一张上网时间表，规定什么时候可以上网、每次上网不能超过一定时间、每星期不能超过多少次。例如，有同学规定自己：周末完成作业后可以上网30分钟。

让我们做一个计划性强、有时间观念的小网民吧！

同学们，结合下面的图讲一讲，你在生活中遇到过类似的事情吗？正确的做法应该是怎样的？

3 收发邮件要注意

很多邮件没有主题！

班委会通过电子信箱接收同学们的各种建议，可是收到的很多邮件都没有主题。晓宇提醒同学们：发邮件一定要写清楚主题，就像写作文要写题目一样。

晓宇写邮件很有礼貌，真是个好孩子！

晓宇把班级春游的照片分别发送给各位同学。邮件里的提示很清楚。

晓宇总是及时认真地回复朋友发来的邮件，朋友们都很喜欢跟他交流。

在上面的情景中，晓宇收到很多没有标明主题的邮件，让他感到有些烦恼。晓宇在给别人写邮件时很注意礼貌用语，有附件也在正文中加以提示，而且总是及时认真地回复朋友的邮件。

如今，很多老师会用电子邮件发送一些学习资料，同学们也往往通过电子邮件提交作业。那么，我们在收发电子邮件时，要注意哪些问题呢？

• 写清楚邮件的主题。例如，晓宇向语文老师提交作业，邮件主题可以写成"晓宇的语文作业"。没有主题或主题描述不清的电子邮件，不便于对方识别，还可能会被误以为是垃圾邮件。

• 邮件内容格式规范。邮件格式与书信格式大体相同，一般包括称呼、问候语、正文、祝语、署名和日期。这样书写的邮件结构工

整、信息齐全，让收件人阅读起来感觉很好。

• 礼貌用语。邮件的正文要表达清晰、简洁，不要写错别字；语言要文明礼貌，如果对方是长辈，还需要使用尊称以示尊敬。

• 在正文中对附件加以说明。如果邮件带有附件（如照片、作业等），发送前一定要同时上传，还要在正文中对附件内容加以说明，以免收件人忽略、忘收或漏收。

• 及时回复邮件。收到邮件后，如果是认识的人发来的邮件，应及时回复，表明你已收到邮件；如果对方希望得到你的意见和想法，应及时答复。

• 不要随意打开陌生人的邮件。接收邮件时，要留意对方信箱地址是否熟悉，如果是陌生的，就不要随意打开邮件内容查看，或者请教长辈如何处理这种邮件。经过确认是垃圾邮件后，要及时加以删除。

联系实践，出谋划策。

为了参加班上小队长竞选活动，刘妍同学制作了一份自我介绍的演示文稿。现在她准备把演示文稿分别发送给老师、好朋友，请他们提提意见，你能帮她写这封电子邮件吗？

收件人：	
邮件主题：	
邮件内容：	

4 网上聊天有原则

晓宇在校园里遇到了幼儿园时的好伙伴，高兴地记下他的网上聊天账号。

晓宇与爸爸妈妈分享网上聊天好友的趣事。

晓宇遇到学习难题，爸爸也无法解答，他建议晓宇通过网上聊天，请教老师或同学。

放学了，晓宇与同学探讨学习问题，意犹未尽。他们约定：晚上在家上网继续探讨，共同进步。

现在，很多班级都会建立一个网络聊天群，这样方便老师、同学、爸爸、妈妈课后的交流与沟通。我们还会把一些朋友添加为网上聊天好友，在小范围内聊天，交流学习和生活中的问题，增进友谊。

在前面的情景中可以看出，晓宇上网聊天的对象是他的同学或伙伴，他和好友会通过聊天探讨学习问题，而且他平时会和父母分享好友的事情。同学们要向晓宇学习，上网聊天时要遵守一些基本原则。

· 首先我们要遵循"安全第一"的原则。不要在网上与陌生人聊天，遇到陌生人的打扰，还要及时告诉爸爸妈妈；即使好友聊天，彼此之间也不要随意透露个人和他人的隐私。

· 让爸爸妈妈也认识你的好友。经常和爸爸妈妈交流，分享你有哪些好友、他们有什么特点、最近都聊哪些话题。相信爸爸妈妈会很高兴你与他们分享的这些信息，并给你们必要的支持和帮助。

· 聊天的目的是帮助学习、增进友谊。由于空间距离的原因，我们不能和好友经常见面，而通过必要的网上聊天，就可以探讨学习和生活中的问题，还可以加深感情，促进学习，共同进步。

文明规范使用语言

1. 人人都讲普通话，写规范字。

2. 交流时使用文明礼貌用语：你好、请、对不起、谢谢。

3. 维护传统语言文字规范，尽量不要使用网络语言。

●尊重对方。在网上和好友聊天时，要尊重对方，不刨根问底打听隐私；不要打扰正忙碌的人，如果有紧要的事情找他，不要闲聊，尽量快速说完；及时回复好友的留言，如果你确实很忙，那就告诉对方并把自己设为"忙碌"状态。

●礼貌交流。首先，网上交流时要做到语言文明、礼貌，例如，根据情况使用"大家好""对不起，我打错字了""我有点儿事，要离开一会儿""我要下线了，以后再聊好吗""再见"等文明用语；同时，我们只和有礼貌的人聊天，如果对方语言粗鲁，就不要再继续交流。

●用语规范。使用正确的文字传递信息也是对他人的尊重，同时也体现自身的语文水平。同学们正处于学习语言文化的重要时期，用语是否规范还会影响今后的学习。所以倡议同学们在网络聊天时多使用规范的词语。对于一些网络用语，要根据场合谨慎使用。

随着网络的普及，很多用语得到广泛传播并流行，如"给力""正能量""out"，但有些用语很不规范，使用不当会引起误会，也会给我们的学习带来不利的影响。如果你的同学经常使用不规范的语言，你应该怎么做？

真给力！

赞！

5 网络游戏要适度

晓宇向同学推荐他认为很有趣的一个益智游戏。因为他合理利用了这个游戏，使得数学成绩有了提高。

晓宇和父母一起讨论玩游戏的注意事项。

晓宇在路上遇到一个边走路边玩游戏的小同学，友善地提醒他：独自出门不要玩游戏，走路时更不要玩游戏。

晓宇找同学去打球，看到同学在玩游戏，便提醒他：玩游戏要适度，不要占用户外活动锻炼的时间。

很多同学都在网上玩过游戏。例如，有的玩过识字游戏、加减法游戏；有的玩过猜成语游戏、画画游戏；或者和朋友通过网络玩下象棋的游戏。健康有益、生动有趣的网络游戏可以促进脑力开发，拓展知识。

在前面的情景中，晓宇和同学都喜欢玩益智游戏，并在游戏中获得快乐和进步。有时，晓宇还和爸爸一起玩游戏，在娱乐中感受浓浓的亲情。而且，晓宇还能指出他人不正确的玩游戏行为，帮助他人进步。

当前，有一些同学沉迷于游戏，损害了身体健康、成绩下滑，有的性格也变得孤僻，甚至无法与他人正常交流。可见，过度玩网络游戏，会带来一些不好的影响。在对待网络游戏的态度上，我们要注意以下几点。

• 要选择健康有益、积极向上的游戏。可以让爸爸妈妈判断哪些游戏是健康有益的，同时结合自己的兴趣来选择，保证自己不被不良游戏危害。尤其是购买付费的游戏时，一定要听取父母的意见。

玩游戏的时间太长！

• 玩游戏要尽量让父母知晓。不要自己偷偷玩游戏，而且要尽量在家才玩。如果在家以外的地方玩，一定要有长辈的陪同，避免沉迷于暴力、低俗的不良游戏中。

• 要自觉控制玩游戏的时间。首先，要在完成学习任务的前提下才能玩；其次，每次玩的时间不宜过长，并要控制玩的次数，以免对身体造成伤害；同时，要保证适当的户外锻炼和其他文艺、休闲活动，如跑步、听音乐、读书、与朋友交流等，不要因为玩游戏而形成不健康的生活方式。

1.下面图中的同学这样玩游戏对吗？说一说，应该怎样正确对待这些行为。

2.联系实际，出谋划策。

经过一段时间的休息，因玩游戏造成身体不适的小方同学逐渐恢复。他还想继续享受网络游戏带来的乐趣，决定要合理安排学习、生活和游戏的时间。你来给他提一些建议吧。

6 信息转发不随意

晓宇的奶奶最近喜欢在网上和朋友聊天。

赶紧把这个消息转发给大家。

晓宇的奶奶看到一条信息："牙膏管的底部色条颜色代表不同的成分，如果是黑色的，就赶紧扔掉，因为那是……"

他们观看电视新闻时得知，原来牙膏管底部的色条并不代表化学成分。

不能乱发消息了！

不能随便转发！

奶奶也明白了，以后看到消息，不能随意转发出去，以免误导大家。

如今，短信、微信、飞信、QQ、电子邮件等成为人们传播信息的重要途径。利用这些途径，能让人们随时随地联系，并加快了信息的传播。但如果用来传播一些不准确的消息，就会给他人和社会带来危害。

在前面的情景中，一条关于"牙膏管底部色条"的信息引起了晓宇奶奶的注意，她不仅相信了这条信息，还转发给朋友，后来奶奶知道这条信息缺乏科学依据，对自己的转发行为后悔不已。

那么，面对网络中各种各样的信息，同学们怎样才能做到不随意转发呢？我们总结了以下几条注意事项。

• 对于宣传善良、美好、正义的信息，可适当转发。看到内容积极向上、鼓舞人心的信息，或宣传文明礼仪、弘扬中华民族优秀传统的信息，可在请教长辈后适当转发。例如，身边的一些好人好事、小区干净美丽的环境、邻居的友好往来，这些事情都可以和朋友通过信息发送或转发来分享，让大家都感受到身边的温情和美好。

• 转发前多与父母或老师沟通，想转发某条信息但又不能确定其真假时，一定要向爸爸妈妈或老师求证，如果不能确定，最好放弃转发。

从我做起，不随意转发信息。

• 不转发来源不明的信息。一般说来，政府机关、科研单位、学校发来的信息比较可信，其他来源的信息很难判断其真假，尽量不转发。

• 不转发内容消极的信息。如果内容是低级趣味、关于社会阴暗面或者是发泄作者不满情绪的消息，不要转发。因为这类信息会影响人们的审美观和价值观，或者让人们的心情变得糟糕。实际上，我们应该做能给他人带来快乐和美好的事情。

• 不转发广告类和哗众取宠类信息。例如，有的信息会以"这个一定要转发""快看呀，不看后悔""出大事了"等为标题，以引起人们的关注，对这种信息不要随意转发。

总之，作为小学生，要吸收、传播积极、正面的知识，让自己拥有健康的心理和阳光的心态，对看到、听到的信息要动脑筋思考一下，不要随意传播不良信息。

让社会充满更多的正能量，让我们从不随意转发信息开始吧！

1. 你和家人、朋友经常使用哪些网络交流途径？它们给你带来哪些乐趣？请你和同学一起说一说。

2. 网上流传下面一则信息，你会如何验证这则消息的真伪？

小龙虾是虫不是虾，其体内积聚了大量铅、镉、铬等有害重金属……

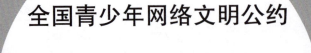

全国青少年网络文明公约

要善于网上学习，不浏览不良信息。
要诚实友好交流，不侮辱欺诈他人。
要增强自护意识，不随意约会网友。
要维护网络安全，不破坏网络秩序。
要有益身心健康，不沉溺虚拟时空。

安全使用网络

　　互联网已经深入学习、生活的方方面面，我们在享受信息时代科技成果的同时，更要努力学习网络安全知识，提高警惕，增强自我防范意识，做好安全防护措施，时刻注意保护好人身和财产安全。

　　同学们应该明辨是非，理智地对待各种不良诱惑，充分利用网络有利的一面，让网络成为有益同学们健康成长的乐园。

1 权威网站信息准

晓宇要为小组实践活动准备一些真实案例资料，爸爸建议他一定要到权威网站上去查阅。

晓宇发现来自官方网站的信息资料比其他网站更全面、更准确。

信息A　信息B　信息C

第二天，小组成员汇总资料时发现，大家的资料有差异。老师提醒大家要选取从官方网站或官方公众号获取的资料。

演讲比赛

活动当天，晓宇所在小组的演讲非常成功，真实的案例震撼现场。

从网上获取信息迅速便捷，方式多种多样：可以选择一个搜索引擎用关键词搜索信息；可以采用即时交流等方式向老师、家长、朋友等咨询。

此外，国家各部门、研究机构、企事业单位大多建立了自己的官方网站，推出了官方微博或微信公众号，其中的信息更加精准，可以作为同学们获取信息的重要来源。

中国政府网

中华人民共和国教育部门户网

中国少年先锋队

中国教育和科研计算机网

新华网

央视网

为了更好地保护人们的权益，网警们正瞪大双眼时刻注视着网络中传送的各种信息，各大网站也组建了信息举报部门来处理各种虚假信息。但尽管如此，网络信息仍然良莠不齐，还存在很多似是而非的虚假信息，即使对于成年人，鉴别它们也很困难。

有没有简单有效，同时又适合小学生的信息获取方法呢？简单地说，就是尽可能保证信息来源的可靠性。通常，网上获取信息时，同

谣言

学们要注意以下几方面。

• 搜索信息时，注意查看搜索结果的来源，尽量选取权威网站中的资料。

• 网络咨询时，尽量请教老师、长辈或他们推荐的人。

• 网络浏览时，从官方网站、官方认证微博、官方公众号等渠道获取信息。

同学们在网络中发现了虚假或急迫的信息，如欺诈信息、求救信息，可先与老师和家长商议，然后根据实际情况，选择告知管理人员或报警。

你怎么看待以下观点？与身边的同学讨论一下，我们应该怎么做。

• 权威网站获得的信息都是百分之百可靠的。

• 网络中有很多虚假信息，我们应避免用网络来获取信息。

• 要时刻警惕网络中的虚假信息，万一碰到要马上离开，不要与人争论，以免引发不必要的麻烦甚至网络攻击。

② 无线上网要小心

消费在阳光下

免费Wi-Fi

晓宇一家来到某电视台"消费在阳光下"主题晚会现场。

主持人告诉大家现场有免费Wi-Fi连接，现场观众纷纷连上无线网络。

　　Wi-Fi（无线保真）是一种广受人们喜爱的无线连接互联网的方式。目前，很多科技馆、商场、酒店、观光景区，甚至一些城市都在大力建设相关的服务设施，人们已经可以在越来越多的公共场所使用Wi-Fi。

　　人们这么喜欢Wi-Fi，国家也在努力建设相应的设施，那是不是意味着可以随意使用呢？答案当然是否定的。通过Wi-Fi接入互联网后，所有的数据，包括账号、密码、聊天记录、照片等，都会先经过提供Wi-Fi服务的设备。有人就可以利用这些设备或恶意软件，窃取人们的各种隐私信息。

　　当然，也不必因噎废食。使用时注意以下几点，可以大大提高安全性。

　　• 避免误连。不使用网络时应注意关闭自动连网功能，并慎用蹭网软件，以免在不知情的情况下连入恶意的 Wi-Fi。

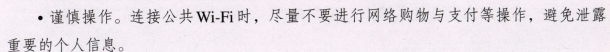

● 选择官方机构提供的、有验证机制的 Wi-Fi。例如，在机场会看到官方 Wi-Fi 的公示信息，而且通常需要经过短信验证后才能使用，这时，应该优先连接机场的官方无线网。

● 选择商家的 Wi-Fi。例如，在酒店、咖啡馆等场所，连接 Wi-Fi 前应先向工作人员进行确认。

● 谨慎操作。连接公共 Wi-Fi 时，尽量不要进行网络购物与支付等操作，避免泄露重要的个人信息。

1. 下面的做法是否正确？为什么？

● 家里的 Wi-Fi 都是家里人在用，不用设置密码。

● 为节省费用，应尽量使用"蹭网"软件"蹭"别人的 Wi-Fi 上网。

2. "为了安全，坚决不使用公共场所的 Wi-Fi"，这种想法是否正确？

3 密码设置有技巧

同学们在信息技术课上，登录自己注册成功的电子信箱准备开始学习。

晓宇忘记了密码，登录不上去了。

同学们纷纷提出了很多容易记忆的密码，但晓宇坚持要用复杂的密码，他说这样不容易被破解，安全性好。

老师讲解密码的设置技巧。

生活中，人们常常需要和密码打交道：登录电子信箱、QQ、微信、微博，用ATM机取款，进行网络支付……这些都需要进行密码验证。密码像一把无形的大锁，守护着我们的信息与财产安全。可以说，密码是信息安全的基本保障之一。

人们听到甚至遇到的账号被盗、财产丢失等事件，大部分是因密码被破解或密码泄露造成的。日常生活中，除了保护好密码不泄露，还要学习适当设置密码。

怎样的密码才算"好密码"呢？通常可以参考以下标准进行评判。

- 有足够长的位数，通常在6位以上。
- 同时包含大小写字母、数字和符号。
- 容易记忆，但不要与名字、生日、电话号码等相同。
- 有特定的使用范围，即只在某几个网站或软件中使用。
- 有特定的使用时间，即只在某段时间内使用。

实际操作时，设置的密码最好是其他人看来杂乱无意义，而对自己有特殊含义、容易记忆的字符串，如"Ma.7-2""jIA16_1"等。

1.以下密码中，哪一个最好？为什么？

123456789（　　　　） 　　　　Zhanglinlin（　　　　　）

hao123hao（　　　　） 　　　　@#Google（　　　　　）

20100616%Good@（　　　　）

2.你赞同下面两位同学的做法吗？说说你的看法。

• 高强为了省事，将信箱密码、游戏密码都设成相同的。

• 李昕担心忘记密码，把自己的密码记录在一个本子里。

我只使用一个密码。

我害怕忘掉，就把各种密码记在日记本上了。

3.和父母说一说密码设置的相关知识，看看是否能为他们提供帮助。

4 安装软件问长辈

放假了，晓宇和同学聚在一起交流假期实践作业，大家准备在自己的设备中安装同一软件，方便资源共享。

小明在平板电脑中找到了一个特别适用的软件，但是晓宇的计算机中却没有合适的软件。这可怎么办呢？

他们很快搜到了相关软件的下载链接，但晓宇想了想并没有直接操作，而是向爸爸咨询，以便确认能否安装。

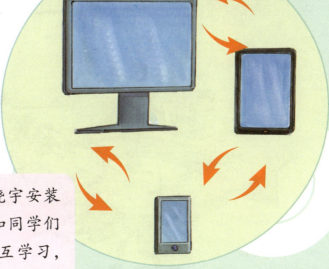

在爸爸的帮助下，晓宇安装了相关软件。随后，他和同学们在假期中互相交流、相互学习，圆满完成了假期实践作业。

软件是计算机、智能手机、平板电脑等信息工具的"灵魂"，它可以提供各种各样的服务，如查单词、读图书、听音乐、看电影、玩游戏，等等。一般来说，使用信息工具，其实质是在使用其中安装的各种应用软件，没有合适的软件，屏幕再大、运算速度再快，信息工具也只能当个"摆设"。

软件是开发者辛勤劳动和聪明智慧的结晶，通常需要一群具备各种专业知识和技能的研发人员，经过长时间的协力合作才能开发出来。软件开发不仅需要大量的程序编写人员，还可能需要心理学家、教育专家、美术或音乐工作者等专业人士的参与；不仅需要各种计算机设备，还可能需要扫描仪、绘图笔、摄像机等专业设备……可以说，软件开发是一项长期的、费时费力的工作。我们在安装使用软件时，要取得软件所有人的许可，即授权。

同学们需要安装或卸载信息工具中的软件时，通常应遵循以下几点。

• 安装需要的软件。不是所有的软件都需要安装，也不是所有的软件都能安装。应根据自己的需要选择恰当的软件。无论安装或卸载软件，都应先向老师和家长咨询。不要随意安装无用的软件，也不能肆意卸载他人需要使用的软件。

• 安装已获得授权的软件。未获授权的软件属于盗版软件，安装它们是一种严重的违法行为，应坚决抵制。软件授权的形式较多，除付费软件外，还有共享、开源、免费等授权类型的软件。例如，我国自主研发的 WPS Office、QQ 等软件，个人就可以免费下载、安装和使用。同学们安装软件前，应向老师或家长咨询是否已经获得授权。

• 安装安全可靠的软件。现在有不少恶意软件，这些软件的发布者往往会把它们伪装成其他软件诱骗人们安装使用。所以安装前，还要请老师或家长帮忙进行鉴别。

以下观点你是否同意？为什么？

• 没有花钱购买的软件都是盗版软件；花钱购买的软件都是正版软件。

• 盗版盘中的软件不能安装，但从网上下载的软件可以随便安装。

5 网络购物家长陪

放假了，晓宇需要购买下学期要用的教学辅导书和课外读物。

晓宇在妈妈的陪伴下，登录购物网站，找到了所有需要购买的图书并加入到购物车中。

选好图书，晓宇与妈妈一起核对，并请妈妈结算支付。

第二天，晓宇收到了快递员送来的一大包图书，他高兴极了。

你网购的东西，这么快就到了！

网络购物具有无可比拟的便利性：买家足不出户就可以货比三家，购买后商品很快就会送到家中；卖家无需在各地租用场地，不需要雇佣大量销售人员，就能把商品卖到全国甚至全世界……网络购物不仅方便了个人，而且交易过程产生的数据记录还为国家的数据统计与管理带来了便利。

在国家的大力扶持下，我国的网络购物发展迅猛。2013年，我国的网络零售额就已经位居世界第一，现在网络中的商品几乎无所不包，有些商品甚至只能通过网络购买。可以预见，网络购物将在普通人的生活中占据越来越重要的位置。

网络购物并不能解决商品的"假冒伪劣"等问题，而且由于涉及财产，网络购物时更容易遇到网络诈骗、黑客攻击等安全问题。同学们没有独立的经济来源，缺乏保护自身权益的技能，缺少鉴别商品的知识和经验，在网络购物时，最好在父母的帮助下进行。通常，网络购物时要遵循以下几点。

• 网络购物要理性。最好先向父母阐明购买的理由，以免盲目购物。

• 选择购物网站要谨慎。不能随意选择购物网站，最好选择父母推荐的网站，以免造成银行卡、密码等重要财产信息的泄露。

• 挑选商品要仔细。挑选商品时，

要仔细考虑商品的质量、价格、售后服务等。

- 支付货款不随意。支付货款时一定要请父母确认，切不可自行决定。
- 收到商品及时查。检查商品是否与订单一致，是否完好，如发现问题，要及时进行退换货处理。
- 购物过程要诚信。不随意、频繁地退换货物，遇到问题如实描述。

下面的想法正确吗？为什么？

- 网上购买的商品质量就是差，不如在商场中购买的商品质量好。
- 网络购物可以方便地退换，我先买了再说，爸爸妈妈不同意再退掉。
- 网络购物时选价格最便宜的。

6 结交网友共成长

晓宇在网络论坛中结识了很多对身体语言感兴趣的网友，大家经常一起讨论通过日常行为分析人们的个性特点。晓宇希望长大后能够成为大侦探。

立志成为大侦探的晓宇发现，网络所学的身体语言还可以帮助他了解朋友的情绪。当他们生气或伤心时，晓宇总会及时安慰。大家都把晓宇当成知心人。

喜爱下围棋的晓宇还参加了网上围棋对弈，通过与各种等级的"围棋高手"切磋，提升自己的水平。

在和好友聊天的过程中，晓宇发现原来最近和自己在围棋挑战中僵持不下的棋友竟然是同班同学，从此两人共同学习、共同进步。

QQ、微信、微博、论坛……互联网为人们提供了多个可以突破时空限制的交流平台。人们无论认识与否，无论身在何处，都能通过互联网一起交流，互相学习，取长补短。

使用网络时，如果能积极加入有益的网络群体，如根据自己的兴趣爱好加入围棋、外语、美术、音乐等网络群体，并在其中结识一些积极向上、志同道合的网友，与他们一起探讨交流，将有助于大家的健康成长。

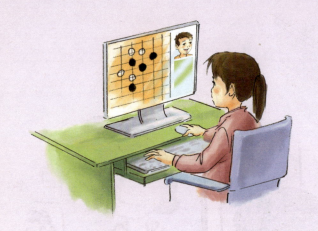

不过要注意，网友们来自四面八方，背景不同，结交的目的也不同，难免会有一些人打着"交友"的幌子从事恐吓、欺诈，甚至损害他人身心健康的犯罪行为。

近年来，我国出现了一些青少年由于轻信网友而被骗取钱物，甚至遭到非法拘禁或人身侵害的案件。这些案件给我们敲响了警钟：在任何时候、任何地方，与陌生人打交道都要小心谨慎，结交网友当然也不例外。

网上交友过程中，在保护自己安全的前提下，还要注意以下几方面。

• 不轻易透露姓名、学校、家庭住址等个人信息。

• 不轻信网友，不贪图小利或被网友言语诱惑。

• 不轻易约见网友，如需约见一定要告知父母，并在他们的陪同下见面。

• 安排好上网时间，不要因网络交友忽视了身边的亲人和朋友。

你如何看待下面的做法？

• 网络交友会面临很多危险，我绝不在网络中与陌生人交朋友。

• 网络中有很多能解难题的"牛人"，我很佩服他们。他们中有人约我周末下楼玩的时候见见面，到时候我悄悄去看一下，不让妈妈知道。

• 与网上的朋友聊天真好玩，我不想与小吴、若希一起跳绳、踢球了，太浪费时间，我只想继续与网友交流。

警报！电子垃圾来袭

近年来，各种信息工具的更新换代越来越快。人们在享受这些高科技产品的同时，也被越来越多的电子垃圾所困扰，如被随手扔进垃圾桶的手机电池，堆积如山的废旧电视、冰箱、计算机等。

相对于生活垃圾，电子垃圾虽然数量不算多，但危害却不小，一旦处理不当，其中的有害物质就会对周边环境造成污染，严重损害人们的身心健康。电子垃圾已经成为环境保护过程中必须面对的难题之一。

现在，世界各国开始关注电子垃圾问题。2008年，我国制定了《电子废物污染环境防治管理办法》来规范电子垃圾的回收和管理。

息社会责任

　　现实世界里，人们需要遵守相关的法律法规。互联网等信息技术的应用，打开了一个全新的虚拟世界，为我们的生活和学习带来了很多便利。在网络世界中，同学们的行为不仅会影响个人的日常生活，也会影响周围的家人、朋友及社会的利益，甚至会造成经济损失、危害个人的人身安全及社会的安定。

　　作为小学生，我们应该以社会主义核心价值观为准则，对自己的网络行为承担责任，做一个诚实守信、遵守公德、文明守法的好网民。

1 法律法规要遵守

荣某是一所技术学院的在校学生，设计了一个含有木马的程序。

欢迎免费下载

当用于信息系统管理的计算机下载并安装了木马程序，荣某就可以通过木马程序获得这台具有管理权限的计算机的控制权。

荣某自2012年6月以来，利用木马程序非法控制1 600余家网站，以及多个计算机系统，从中获利而构成犯罪。

法院审理认为，被告人荣某非法控制他人计算机信息系统，其行为已构成非法控制计算机信息系统罪。

同学们，你们看到的这个未成年人非法控制计算机信息系统是一起真实案件。非法控制计算机信息系统罪是《刑法修正案（七）》新增加的罪名，指对国家事务、国防建设、尖端科学技术领域以外的计算机信息系统实施非法控制，是一种情节严重的新型犯罪，具有一定的社会危害性。根据《刑法》第

二百八十五条第二款的规定，犯本罪的处三年以下有期徒刑或者拘役，并处或者单处罚金；情节特别严重的，处三年以上七年以下有期徒刑，并处罚金。

荣某还是个未成年人，不但对国家刑法不了解，同时还盲目地以为网络上的行为"神不知鬼不觉"，正是这样淡薄的法律意识让他走上了犯罪的道路。最终，法院尽管考虑到荣某犯罪时已满14周岁而不满18周岁，应从轻处罚，但他还是受到了法律的严惩。

由这个案例可以看到，互联网不是法外之地，现实生活中违法的事发生在互联网上，同样会受到法律的制裁。

作为信息社会的公民，我们应当从小了解一些法律的基本知识。例如，我国制定了多部与计算机、互联网相关的法律法规，包括《计算机软件保护条例》《中华人民共和国计算机信息系统安全保护条例》等，目的就是坚定不移地依据法律法规打击网络攻击、网络诈骗、网络盗窃等互联网违法犯罪行为，有效维护人民群众的合法权益。

1.当你发现周围有人存在违反信息安全法律法规的行为时，该如何应对呢？

☐ 置之不理

☐ 躲得远远的

☐ 模仿

☐ 及时告知家长、老师

☐ 其他：＿＿＿＿＿＿＿＿＿＿＿＿＿＿＿＿。

2.结合下面两幅图，说一说你从中学到了什么。

② 国家安全要记牢

你好！我们是××新闻报，现在需要报道"军工企业"的材料。我们还能提供一些军工企业的就业信息，如你被录用，届时提供的资料可获得丰厚的报酬。如有兴趣可以联系我。

韩某在网上发出求职信息后，某日接到乔装成"记者"的境外间谍人员发来的信息。

在间谍指使下，韩某利用工作之便，多次进入敏感区域，拍摄了大量我国军事目标的照片。

严禁拍照、录音

韩某在某国防配套产业技术项目推介会现场进行同步录音和拍照。

韩某将这些信息传到境外，短短几个月，韩某获得报酬超过9万元。这种行为使他最终受到了法律的制裁。

通过上述案例，同学们可以注意到，影视剧中潜伏、刺探信息这些常见的情景，其实离我们的生活并不遥远。我们生活在一个互联网的社会环境中，网络的发展使信息传播越来越没有疆界。间谍分子利用很多人在互联网上求职、交友等行为进行策反活动。接触初期，这些人往往用媒体约稿、兼职招聘、网络交友等为幌子，降低人们的戒备心理。一旦目标人员上钩，境外间谍人员就会以金钱物质为诱饵，落

入圈套者受其诱惑，在明知境外人员身份可疑的情况下，贪图钱财，依然铤而走险，出卖信息资料，从而对国家安全产生了极大危害。

我们还要知道，在日常生活中，很多信息往往是在不经意间泄露出去的。例如，把包含敏感基地信息的地理位置或者照片上传到互联网，在科研期刊、论著中发表具有前沿水平的科研成果细节等，都可能影响我国的政治、军事、经济、文化、社会生活，如果解决不好将使国家处于信息战和高度经济金融风险的威胁中，甚至危害国家主权。

除了信息泄露带来的危害，网络上还有很多别有用心的团体、个人肆意散播不实的言论，妄图混淆我们的思想，动摇我国良好的社会环境。国家互联网信息办公室在治理网络环境的工作中一直重视这类问题，并严厉打击，有效治理了国家的网络空间，保护我们在健康成长的过程中不受这些污染信息的影响。

同时，如何有效防范网络渗透、网络攻击也是各国非常注重的安全问题。例如，据日媒报道，日本厚劳省的网站在2015年11月遭到网络攻击后一度无法浏览，2016年1月31日再次出现瘫痪，导致很多网站无法浏览，这些部门已向东京警视厅求助。由此可见，在没有地理疆域那样清晰划分的网络疆域中，尊重网络主权、确立网络空间规则

关系到每个国家的切身利益。网络主导权已经成为国家安全的核心内容，控制不了自己的信息，掌控不了自己的网络，国家安全无从谈起。

近年来，我国很注重信息、网络安全的法律法规建设，制定了很多相关法律法规。例如，在《中华人民共和国国家安全法》中明确了"网络空间主权"这一概念，使国家主权在网络空间得以延伸和体现。2015年6月，第十二届全国人大常委会第十五次会议初次审议了《中华人民共和国网络安全法（草案）》，并在中国人大网上公布，向社会公开征求意见。相信不久的将来，在这部法律的监管下，我国的网络空间会更加安全。

1.每逢发生一些重大事件，总有人制造谣言，并借助网络大肆传播。你认为这种现象对我国的网络安全会产生什么样的影响，我们该如何应对。

2.结合下面两幅图，说一说你从中学到了什么知识。

3 社会和谐共促进

晓宇所在的小区建立了交流群，加入的邻居可以通过这个群进行各种交流活动。

晓宇的朋友得了一时不能确诊的急病，大家通过网络发出求助，最终得到专家的反馈，使病情得到有效控制并好转。

【市预警中心】
尊敬的市民，由于明天预计降雪达红色预警，请您提前做好出行准备。××市交通局。

晓宇接到的短信通知，是政府部门与通信公司共同推出的利民措施之一。

市长，您好！我是××小学的学生。现在向您反映一下我校附近的交通问题……

"市长信箱"是信息时代下党和政府密切联系市民的重要桥梁，是政府与市民互动的重要途径。

和谐是中国传统文化的基本理念，也是社会主义核心价值观的重要部分。在信息社会，互联网作为一种信息渠道、媒体平台和互动空间，为人们的生活带来了诸多便利。因此，社会和谐不只包括现实社会的和谐，也包括以互联网为基础的网络社会的和谐，两者相互影响、相互依存，是社会稳定、持续发展的重要保证。

　　通过前面的事例可以看到，信息化不但为和谐社会的建设提供强大动力，有助于提高法治社会的政府执政能力，还能突破空间地域等限制，构建更加广阔的交流平台，促进人与人之间的交流。我们在与他人进行网上交流时，也要和现实生活中一样，做到诚信、友善，这样才能传承中华民族自古至今传承下来的优秀传统，从而与小伙伴、与他人之间互相尊重、互相关心、互相帮助，和睦友好，在和谐社会中共同成长。

　　同时，我们还要认识到，和谐社会的发展离不开法制建设。例如，为了保护未成年人，我国在《未成年人保护法》第三十六条中明确规定："营业性歌舞娱乐场所、互联网上网服务营业场所等不适宜未成年人活动的场所，不得允许未成年人进入，经营者应当在显著位置设置未成年人禁入标志……"。制订这些法规的目的在于保护未成年人的身心健康。

　　与此同时，为了正确引导我们合理上网，很多学校和社区也尝试建设

"绿色网吧"，引导我们正确进行上网冲浪、查阅资料、浏览新闻趣事、制作网页、网上对弈、玩益智类游戏等活动。

同时，为了保证我们不被网上的垃圾信息干扰，社区还在计算机里安装了过滤软件，避免我们看到不健康的信息，接触暴力血腥的游戏，为我们创造了没有污染的绿色上网环境，充分体现了和谐社会中"学有所教"的理念。

1. 在建设和谐网络社会的道路上，想一想我们应该怎么做？

2. 信息技术的发展帮助人类在交流沟通的过程中打破了时空的割裂，但"谁也不知道网络对面是不是一只狗"的现象使得很多人的网络行为充满着不和谐的因素。与小伙伴交流讨论，我们应该如何正确应对这种现象。

4 个人权益不侵犯

在外出游玩时，昊天请同学为自己拍照留念。

昊天把自己的照片分享给同学欣赏。

谁干的，快站出来！
做事要敢作敢当！

不知道哪位同学淘气，把昊天的照片乱改一通，气得昊天伤心不已。

小周认识到自己的错误，真诚表达了歉意，保证下次再也不这么做了。

随着数码照片的普及，修饰美化照片的软件越来越多，使用方法也变得很简单。一些别有用心的人利用这些工具肆意修改他人的照片，不管他们出于什么样的目的，这种行为都触犯了公民的肖像权。

我国《民法通则》第一百条规定，"公民享有肖像权，未经本人同意，不得以营利为目的使用公民的肖像。"丑化公民肖像、故意损毁公民肖像、以肖像进行人身攻击等行为，也属于侵犯公民的肖像权。案例中的小周怀着好玩的心理，未经昊天同意，私自涂改他的照片，侵犯了昊天的肖像权，不仅伤害了同学之间的感情，更违反了公共道德，如果情节严重，还会触犯法律。

除了肖像权以外，我们在生活、学习中还有很多权益需要保护。例如，网络的发展可以帮助我们更加便捷、快速地获得信息，在使用这些信息时，要注意尊重他人的知识产权，不要侵犯他人的合法权益。又如，假如有人在互联网上公开了我们的个人信息，应该及时向家长、老师反映，注意保护自己的隐私权，必要时要行使自己的公民权利，追究其违法行为。

"好习惯，早养成，有教养，益终生"，作为小学生，我们要参照《小学生日常行为规范》和《全国青少年网络文明公约》中的要求，从小养成良好的行为习惯，从每一件事做起，遵守现实社会和网络社会的文明行为和礼仪，做一个诚实守信、遵守公德、文明守法的好少年。

好习惯要早养成。

父母一定要经常关心我们小朋友的心理成长

1.在使用计算机、手机等信息工具的过程中，你是如何做到保护个人权益的？大家一起说一说。

2.观察下面的两幅图，你对他们的行为有哪些想法？